**Paul und Lea** erkunden die Natur. Dabei geht Leas rosarote Tasche leider manchmal verloren – findest du sie?

**Herr Winter** hat immer einen dicken Mantel an und ist erst im Winter damit richtig glücklich.

**Zwei Eichhörnchen** klettern durch das Buch.

**Bauer Klaus** hat das ganze Jahr über viel zu tun.

# Die vier Jahreszeiten

der Winter
der Herbst

# Der Frühling

Der lange, kalte Winter ist vorüber. Es ist Frühling. Langsam wird es wärmer und tagsüber ist es länger hell. Die Pflanzen bekommen Blätter und Blüten. Die Tiere erwachen aus dem Winterschlaf. Und auch die Menschen möchten nach draußen an die frische Frühlingsluft.

lüften
schmelzen
der Schneemann
rennen
ler Fußball
der Pinsel
der Frühjahrsputz
die Farbe
das Frühbeet
die Gießkanne
das Blumenbeet
die Harke
die Regentonne

# Die Blumen im Frühling

Im Frühling erwacht die Natur zu neuem Leben. Die ersten Blumen blühen schon im Februar. Sie wachsen aus einer Zwiebel, einer Knolle oder einer Wurzel. Da sie Nährstoffe gespeichert haben, können sie schon so früh blühen – noch bevor die Bäume Blätter bekommen.

das Schneeglöckchen

der Krokus

die Osterglocke

die Tulpe

der Märzenbecher

die Schlüssel-
blume

das Stief-
mütterchen

das Buschwind-
röschen

das Veilchen

die Blumenzwiebel

die Hyazinthe

# Die Bäume im Frühling

Etwas später wachsen an Bäumen und Sträuchern die ersten Blätter und Knospen. Viele Blüten locken durch ihren Duft Insekten an. Wo ist die rosarote Tasche?

# Die Vögel im Frühling

Die Vögel haben im Frühling viel zu tun – sie bauen Nester, legen Eier und brüten. Nach wenigen Wochen schlüpfen die Küken. Dann sind die Vogeleltern ständig unterwegs, um Nahrung zu beschaffen.

# Tierkinderzeit

Die meisten unserer Säugetiere bringen ihre Jungen im Frühling zur Welt.

# Das Wetter im Frühling

Im Frühling ist es oft schon sonnig und warm. Wo ist die rosarote Tasche?

Aber es sind auch noch Schnee und Nachtfrost möglich.

Das Aprilwetter gilt als wechselhaft. Eben hat es noch gehagelt, schon scheint wieder die Sonne.

Regengüsse im Mai sind keine Seltenheit. Die Natur braucht das Wasser, damit alles wächst.

# Frühling auf dem Feld

Die Kühe grasen auf frischen grünen Weiden. Bauer Klaus pflügt seine Äcker und bringt die Getreidesaat aus. Im Sommer kann er das Getreide dann ernten.

Feldhasen sind bis zu 70 Zentimeter lang und haben lange Ohren. Sie bekommen zwei bis vier Junge, die von Geburt an sehen können. Die Jungen sind nach vier Wochen selbständig und verlassen dann die schützende Bodenmulde (Sasse).

Wildkaninchen sind kleiner als Hasen, sie haben einen runderen Kopf und kürzere Ohren. Sie graben Gänge und einen Bau in die Erde. Sie bekommen bis zu 12 Junge, die am Anfang blind und hilflos sind.

# Das Osterfest

Das Osterfest liegt in jedem Jahr an einem Wochenende zwischen Ende März und Ende April. In Deutschland und in vielen anderen Ländern gehören Ostereier zum Osterfest dazu.
Findest du die rosarote Tasche? Und wo sind die Eichhörnchen?

das Vogelnest
das Osterei
das Osterlamm
das Ei
die Decke
der Osterzopf
das Osternest
das Osterpicknick

# Der Sommer

Der Sommer ist die wärmste Jahreszeit. Es wird früh hell und spät dunkel. Die Blumen blühen, viele Obst- und Gemüsesorten werden reif. Das Wetter ist oft sehr schön, die Menschen sind gern draußen und viele fahren in den Urlaub.

Nestbau und Aufzucht

# Sommer am Teich

Auch am und im Teich ist im Sommer eine Menge los. Die Tiere ziehen ihre Kinder groß. Frösche gehören zu den Amphibien. Sie legen ihre Eier, den Laich, im Wasser ab. Daraus entwickeln sich die Kaulquappen. Wenn sie ausgewachsen sind, können sie an Land gehen.

das Schilf
das Paddelboot
der Graureiher
die Seerose
der Haubentaucher
das Entenküken
die Paarung
das Männchen
der Jungfrosch
das Weibchen
der Frosch
der Laich
die Kaulquappe
die Mücke

# Sommer am Strand

Sommerzeit ist Badezeit. Wenn es heiß ist, ist es am Wasser herrlich. Aber zu viel Sonne ist ungesund. Kopf und Haut sollten immer geschützt sein. Wie viele Segelboote sind an diesem schönen Tag unterwegs?

die Wolke
der Frachter
das Segelboot
die Möwe
der Strandkorb
die Sonnenbrille
das Badetuch
der Schatten
der Strand

# Das Wetter im Sommer

❶ Im Sommer kann es sehr heiß werden. Schatten und Eis können helfen, die Hitze auszuhalten. ❷ Bei Gewitter zucken Blitze und es donnert. Manchmal hagelt es. ❸ Der Regen versorgt Blumen und Bäume mit Wasser. Sonst würden sie vertrocknen. ❹ Wenn es regnet und gleichzeitig die Sonne scheint, kann ein Regenbogen entstehen.

❶ die Sommerhitze

❷ das Gewitter

❸ der Regenguss

❹ der Regenbogen

# Sommer in den Bergen

In den Bergen kann sich das Wetter auch im Sommer schnell ändern. Wie viele Schirme hat Herr Pfütz verteilt?

# Eine Nacht im Zelt

Im Sommer sind die Abende oft viel zu schön, um schlafen zu gehen. Alle wollen so lange wie möglich draußen bleiben – vielleicht sogar die ganze Nacht.
Wo ist die rosarote Tasche?

der Mond
der Sternenhimmel
die Gitarre
die Wolldecke
das Stockbrot
das Lagerfeuer
das Käuzchen
die Fledermaus

# Im Sommer auf den Feldern

Auf den Feldern ist Erntezeit für das Getreide. Bauer Klaus hat viel zu tun. Wer leistet ihm im Mähdrescher Gesellschaft?

der Hafer
der Weizen
die Rundballen
das Bauernhaus
der Pferdestall
die Kuhweide
das Pferd
der Feldweg
der Mähdrescher
die Ernte
der Raps

# Sommer im Bauerngarten

Im Obst- und im Gemüsegarten reifen die Früchte an Bäumen, Sträuchern und in Beeten. Jeden Tag gibt es etwas zu ernten. Findest du die rosarote Tasche?

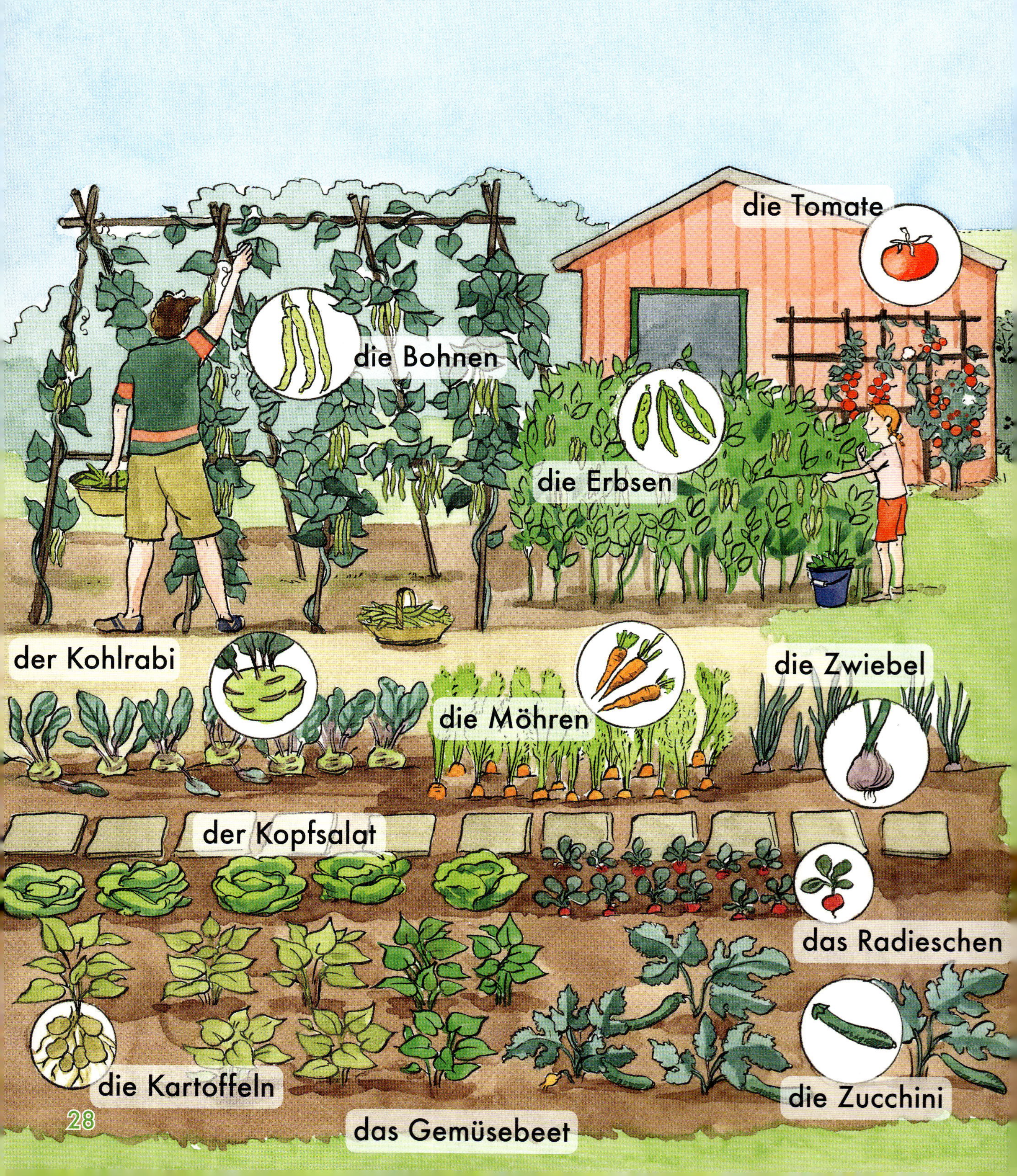

die Obstbäume
die Birnen
die Kirschen
die Pflaumen
der Birnbaum
der Kirschbaum
die Apfel
der Pflaumenbaum
der Apfelbaum
die Blaubeeren
die Stachelbeeren
die Johannisbeeren
die Brombeeren
die Himbeeren
die Erdbeere
die Petersilie
das Basilikum
die Zitronenmelisse
die Minze
der Kräutergarten

# Der Herbst

Im Herbst wird es kühler und früher dunkel. Oft ist es windig. Äpfel und Pflaumen können jetzt geerntet werden. Nach und nach verfärben sich die Blätter und fallen schließlich von den Bäumen.

der Drachen
die Regenrinne
der Eichelhäher
en
der Igel
der Gummistiefel
der Blumenkasten
die Schubkarre

# Das Wetter im Herbst

Wenn die Herbstsonne scheint, ist es noch warm und die Blätter leuchten in prächtigen Farben. Abends ist es jedoch kühler als im Sommer.

Häufig fällt Regen. Die Straßen sind durch das nasse Laub dann oft rutschig.

Abends und früh morgens kann vom Boden Nebel aufsteigen.
Das sieht geheimnisvoll aus.

Der Wind ist im Herbst oft besonders stark. Er weht die Blätter von den Bäumen, verwirbelt Laubhaufen und auf dem Fahrrad kommt man nur mühsam voran.

Wie stark der Wind weht, wird in Zahlen ausgedrückt. Bei Windstärke 3 weht eine schwache Brise, bei Windstärke 6 ein starker Wind. Windstärke 9 bedeutet Sturm, ab Windstärke 12 spricht man von einem Orkan.

Starke Stürme können Sturmschäden verursachen. Manchmal muss die Feuerwehr helfen – zum Beispiel, wenn umgestürzte Bäume die Straße versperren.

# Die Vögel im Herbst

Die Zugvögel fliehen vor der Kälte des Winters. Im Herbst sammeln sie sich und ziehen, meist gemeinsam im Schwarm, in den warmen Süden. Sie haben eine Art innere Uhr, die ihnen sagt, wann es Zeit zum Aufbruch ist.

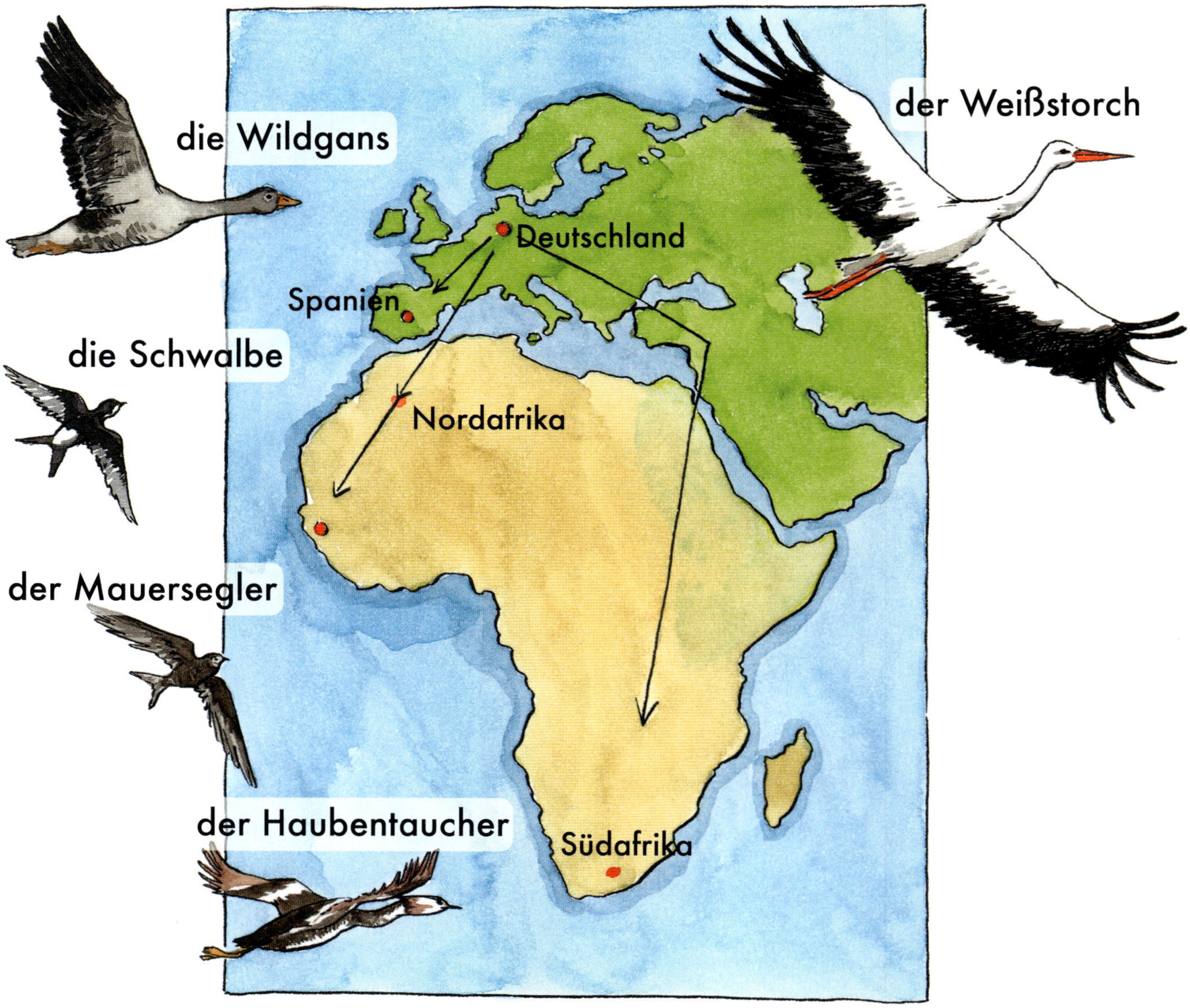

Stare fliegen in Scharen,

Gänse im Keilflug,

Haubentaucher nebeneinander

Andere Vogelarten bleiben das ganze Jahr über hier. Wir nennen sie Jahresvögel oder Standvögel. Viele Vögel fressen Samen und Früchte. Andere Vögel, wie die Meisen, leben im Sommer meistens von Insekten und Würmern. Im Herbst und Winter ernähren sie sich von Samen und Körnern.

Diese Beeren dienen als Nahrung für die Vögel. Die meisten davon sind jedoch für den Menschen giftig.

# Herbst im Wald

Im Herbst wird es bunt im Wald. Die Blätter verfärben sich. Kastanien, Eicheln und Buchecken fallen von den Bäumen. Was hat das Eichhörnchen gefunden?

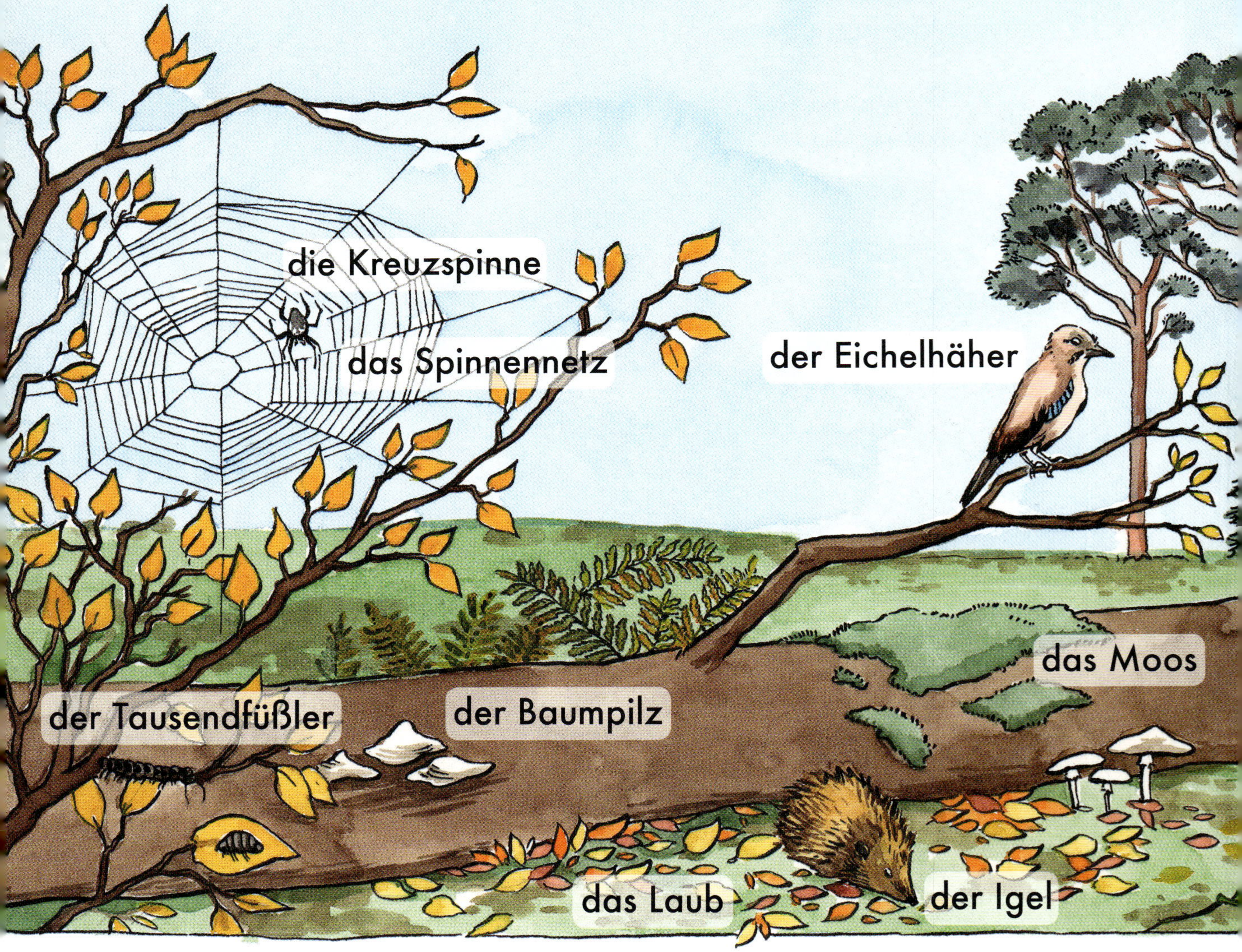

der Mischwald
die Buche
die Eiche
der Baumstamm
der Fuchs
das Eichhörnchen
ie Brombeere
die Haselmaus
der Farn

die Rotkappe
der Wiesenchampignon

der Fliegen-
pilz
der Panther-
pilz
der Knollen-
blätterpilz
Giftige Pilze

# Die Bäume im Herbst

# Wenn Blätter ihre Farbe ändern

Im Sommer bekommt das Blatt genug Wasser und Nährstoffe. Der grüne Blattfarbstoff verleiht ihm seine Farbe.

Im Herbst bereitet sich der Baum auf den Winter vor. Er versorgt jetzt nur noch Wurzel, Stamm und Äste mit dem Nahrungssaft.

Das Blattgrün wandert in die Wurzeln. Ohne Nahrungssaft vertrocknet das Blatt.

Das Blatt löst sich vom Stamm und fällt ab. Im Frühling bildet der Baum neue Blätter und Knospen.

# Tiere im Herbst

Im Herbst haben die Tiere viel zu tun. Sie müssen sich auf den Winter vorbereiten. Viele Tiere fressen jetzt mehr, um dick und rund zu werden.

Eichhörnchen und Eichelhäher sammeln und vergraben Eicheln, damit sie einen Vorrat für die kalte Zeit haben.

Auch die Haselmaus bereitet sich auf ihren Winterschlaf vor.

Im Winter magern die Tiere dann wieder ab, wenn sie nichts oder nur wenig zu fressen finden.

Der Herbst ist die Paarungszeit der Hirsche. Die Tragzeit der Hirschkuh beträgt 8 Monate, dann kommt ein Hirschkalb zur Welt.

Auch der Dachs frisst im Herbst besonders viel, damit er den Winter übersteht. Er kann im Herbst doppelt so viel wiegen wie im Sommer.

# Herbst auf den Feldern

Kartoffeln, Möhren, Kürbisse, Mais und andere Feldfrüchte sind im Herbst reif. Bei der Ernte werden Maschinen eingesetzt. Der Kartoffelroder trennt Erde, Steine und Unkraut von den Kartoffelknollen. Das Wintergetreide wird gesät. Findest du die rosarote Tasche?

der Hofladen
Hofladen
der Kürbis
der Obstkorb
das Erntefest
das Lagerfeuer
die Grillkartoffel
das Brot
die Kartoffeln

# Fröhlicher Herbst

Bei Regen, Wind und Kälte könnt ihr es euch im Haus gemütlich machen und basteln oder Bücher angucken. Oder ihr geht nach draußen, um Laterne zu laufen, Kastanien zu suchen oder Drachen steigen zu lassen. Wo sind die Eichhörnchen?

das Buch
die Laterne
die Hexe
das Skelett
der Tee
die Halloween-Kostüme

# Der Winter

Im Winter wird es noch später hell und früher dunkel als im Herbst. Oft ist es kalt und frostig. Manchmal deckt Schnee alles zu. Jetzt ist es Zeit, Mütze, Schal und Handschuhe rauszuholen. Wo ist die rosarote Tasche?

die Mütze
der Eiszapfen
der Schlitten
die Winterjacke
der Schnee
die Winterstiefel

# Das Wetter im Winter

Es kann im Winter sehr kalt werden. Wenn die Temperatur in den Wolken unter 0° Celsius beträgt, fällt kein Regen, sondern es schneit. Durch Glatteis auf den Straßen wird es spiegelglatt.

Schneefall

Schneesturm

Glatteis

Zugefrorener See

Schneefreie Landschaft

Eine Schneehöhe von 10 cm genügt zum Schlittenfahren.

Bei einer Schneehöhe von 60 cm kommt man nur noch voran, wenn die Straßen geräumt sind.

Bei einer Schneehöhe von 150 cm verschwinden Zäune und Autos unter dem Schnee.

# Tiere im Winter

Tiere und Menschen hinterlassen ihre Spuren im Schnee. Hast du diese Spuren schon mal irgendwo gesehen?

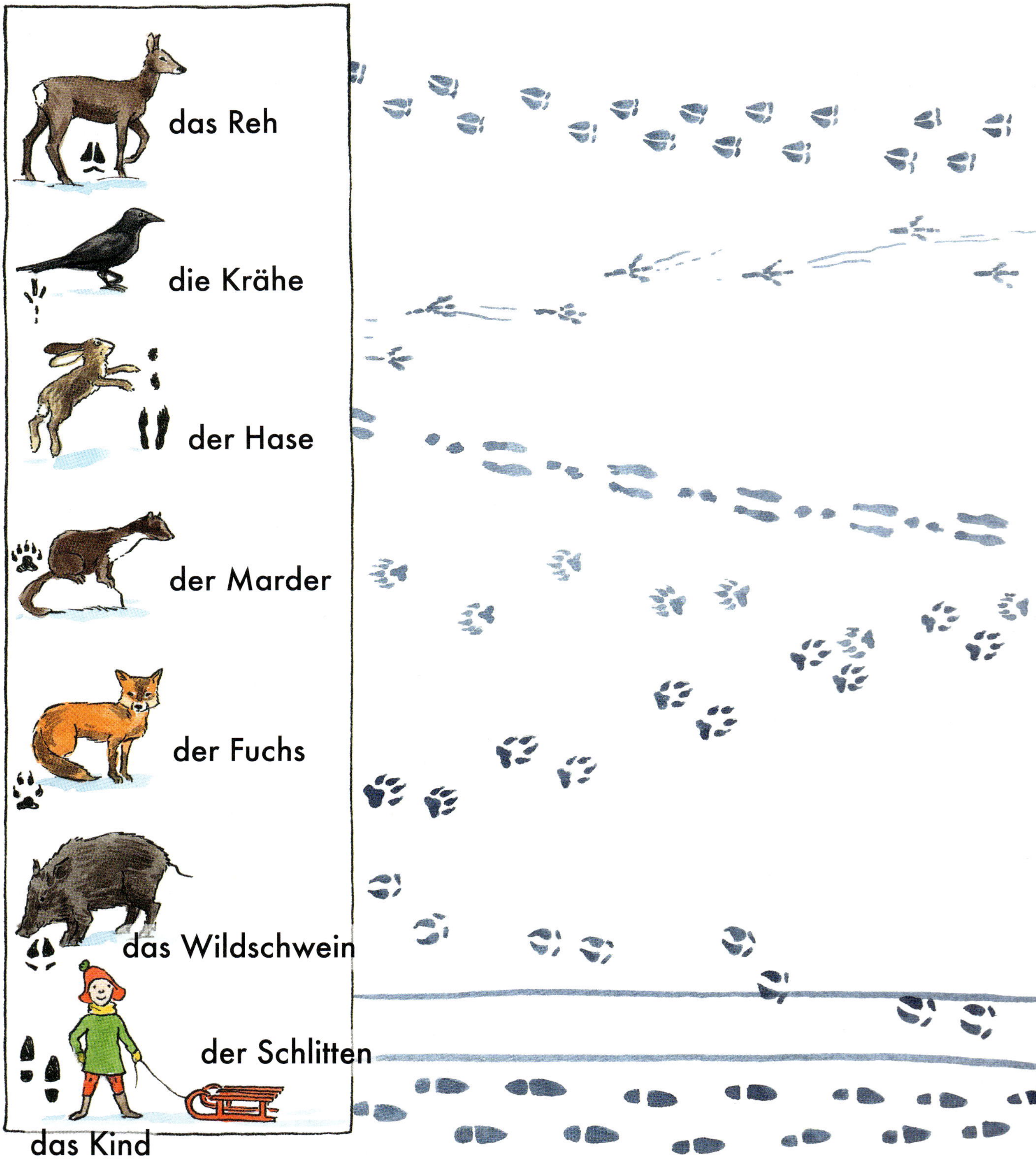

Winteraktive Tiere, wie diese Waldtiere, sind im Winter wach. Zum Schutz vor Kälte bekommen sie ein dichteres Fell. Ihre Körpertemperatur bleibt gleich, ebenso die Anzahl der Herzschläge und Atemzüge.

Tiere, die Winterruhe halten, sammeln im Herbst Vorräte. Im Winter haben sie ein Fettpolster und schlafen viel. Ab und zu wachen sie auf und fressen etwas. Ihre Körpertemperatur ist nicht abgesenkt.

Tiere, die Winterschlaf halten, suchen sich Schutz und fallen in einen Tiefschlaf. Sie leben von dem angefressenen Fettpolster. Ihre Körpertemperatur sinkt, beim Igel zum Beispiel von 36 Grad auf 1 bis 8 Grad. Sein Herz schlägt statt 200-mal nur noch 5-mal in der Minute.

Manche Tiere, wie Frösche oder Schnecken, fallen in eine Winterstarre. Regungslos liegen sie unter Blättern oder im Schlamm. Ihr Körper wird genauso kalt wie ihre Umgebungstemperatur. Ihr Herz schlägt sehr langsam und sie atmen kaum noch.

# Winterspaß

Plätzchen backen, Weihnachtsschmuck basteln und Weihnachtslieder lernen – all das gehört zur Winterzeit dazu. Was machen die Eichhörnchen?

Wenn draußen Schnee liegt, fängt der Winterspaß erst richtig an.

# Das Weihnachtsfest

Endlich ist Weihnachten! Zeit, die Kerzen am Weihnachtsbaum anzuzünden, Plätzchen zu essen und Geschenke auszupacken.

die Weihnachts-
kugeln

die Kerze

der Engel

das Geschenk

das Buch

die Schlitt-
schuhe

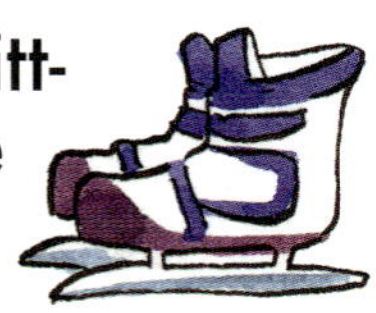

der Baum-
schmuck

der Kalender

die Krippe

das Fotoalbum

# Silvester

Am 31. Dezember ist Silvester, das Jahr geht zu Ende. Die einen verjagen das alte Jahr um Mitternacht mit Knallerei und bunten Raketen. Andere feiern stiller und wünschen einander Glück für das neue Jahr.

die Girlande
die Luftschlange
das Kopfkissen
die Uhr
die Bettdecke
das Knallbonbon

# Die Jahresuhr

Es gibt ein Lied über die Jahreszeiten. Kennst du es?

Es war eine Mutter,
die hatte vier Kinder:
den Frühling, den Sommer,
den Herbst und den Winter.
Der Frühling bringt Blumen,
der Sommer den Klee.
Der Herbst, der bringt Trauben,
der Winter den Schnee.

ezember
Januar
Februar
März
April
Mai
Juni
Juli
Winter
Frühling
Sommer
Herbst

# Wörterliste

## L



## M



## N



## O



## P



## R

## S



## T



## U

# V

# W

# Z

In diesem Buch gibt es viel zu entdecken. Auch all diese Figuren und Gegenstände findest du im Buch wieder. Wo sind sie?

**Familie Gutjahr** ist zu allen vier Jahreszeiten am liebsten draußen unterwegs.

Der **Schirmverkäufer Herr Pfütz** findet, dass man Schirme nicht nur bei Regen gut gebrauchen kann.

**Frau Klick** ist mit ihrer Kamera immer auf der Suche nach einem schönen Motiv.